Astrid Schubert

Meine Katze
und ich

Fotos: Monika Wegler
Zeichnungen: Renate Holzner

Geschichten: Gabriele Linke-Grün

Inhalt

Goldene Regeln für die Haltung

take care

Typisch Katze

watch it

Vertrauen schaffen von Anfang an

love it

Katzen erleben

Spiel und Spaß mit der Katze

have fun

Glücklich und aktiv im Alter

old & happy

Goldene Regeln für die Haltung

Celine auf der Pirsch – ihr eleganter Körper ist ein Wunderwerk der Natur mit einem einzigen Ziel: die Jagd! Vor allem für Wohnungskatzen ist es deshalb wichtig, das fehlende Jagdtraining durch andere, körperliche Beschäftigungsmöglichkeiten auszugleichen. Doch um sich rundum wohl zu fühlen braucht Celine auch eine ausgewogene Ernährung, die richtige Pflege und Streicheleinheiten von »ihren« Menschen.

take care

Die 10 Goldenen Regeln zur Ausstattung

take care

1 Ein kuscheliges Körbchen lädt zum Schlafen und Entspannen ein.

2 Die Katze braucht je einen standfesten kreisrunden Futter- und Wassernapf mit einem Mindestdurchmessser von 15 cm.

3 Futter- und Wassernapf nie neben dem Katzenklo aufstellen!

4 Grundregel für die Anzahl der Katzenklos: Pro Katze ein Klo plus eins, das heißt, eine Katze benötigt zwei Klos, zwei Katzen drei Klos usw.

5 Ein gut befestigtes Kratzbrett ist zum Krallenschärfen nötig.

6 Ein Kratzbaum ersetzt nicht nur das Kratzbrett, sondern bietet auch tolle Klettermöglichkeiten für Ihre Katze.

7 Erhöhte Sitzgelegenheiten sind für Katzen wichtig!

8 Eine Transportbox aus Plastik z. B. für den Weg zum Tierarzt, ist praktisch.

9 Ein automatischer Futterspender ist empfehlenswert, wenn man mal für ein oder zwei Tage außer Haus ist.

10 Ein Halsband mit Gummizug oder Sollbruchstelle und Adressanhänger hat schon Katzen vor dem Tierheim bewahrt.

Die 10 Goldenen Regeln zur Ernährung

take care

1. Katzen sind Fleischfresser. Der Fleischanteil im Futter sollte deshalb 50 bis 75 Prozent betragen.

2. Hundefutter ist auf Dauer für Ihre Katze nicht geeignet, da es den Eiweißbedarf der Katze nicht deckt.

3. Füttern Sie Ihre Katze regelmäßig, am besten morgens und abends.

4. Füttern Sie abwechslungsreich – morgens Fertigfutter und abends Selbstgekochtes.

5. Geben Sie Ihrer Katze nicht nur Leckerbissen, denn einseitiges Futter macht wählerisch.

6. Katzen mögen einen sauberen Futterplatz. Futter- und Wasserschüssel deshalb täglich mit heißem Wasser ausspülen.

7. »Servieren« Sie das Futter möglichst frisch und zimmerwarm.

8. Scharf gewürzte, gesalzene oder gezuckte Essensreste sind für die Katze unbekömmlich.

9. Als Durstlöscher ist täglich frisches Trinkwasser unerlässlich. Dies gilt vor allem bei der Fütterung mit Trockenfutter.

10. Katzengras oder Pasten (vom Tierarzt) helfen der Katze bei der Verdauung.

Die 10 Goldenen Regeln zur Pflege

take care

1 Zur Fellpflege gehört je nach Haarlänge der Katze eine Bürste mit weichen Borsten bzw. eine Gummibürste oder ein eng gezahnter Metallkamm.

2 Kurzhaarkatzen nur während des Haarwechsels im Frühling und Herbst täglich bürsten. Langhaarkatzen täglich kämmen.

3 Langhaarkatzen können mit Spezialshampoo gebadet werden, wenn ihr Fell sehr stark verschmutzt ist.

4 Einmal im Jahr Impfungen vom Tierarzt auffrischen lassen.

5 Katzen mit Freilauf im Frühling und Sommer gegen Flohbefall behandeln.

6 Kontrollieren Sie die Zähne Ihrer Katze regelmäßig auf Zahnstein hin.

7 Verkrustungen in den Augenwinkeln mit einem feuchten Tuch entfernen.

8 Die Ohren im Bereich der Ohrmuscheln mit einem Papiertaschentuch reinigen.

9 Einmal täglich aus allen Katzenklos Kot und feuchte Streu entfernen und frische Streu auffüllen.

10 Einmal wöchentlich die gesamte Streu gegen frische austauschen. Klo vorher mit heißem Wasser säubern.

Typisch Katze

Sternchen und Karlchen genießen den ersten Frühlingsausflug und bepföteln neugierig alles Neue. Kleine Katzen müssen sich mit dem Erwachsenwerden sehr beeilen, denn in freier Natur sind sie schon früh auf sich allein gestellt. Gut, dass Sternchen und Karlchen ein fürsorgliches Zuhause haben.

watch it

Wie kam die Katze ins Haus?

Unsere Haustiere stammen allesamt von Vorfahren ab, die einst als Wildtiere lebten. In freier Natur wurden sie von den Siedlern gefangen, vermehrten sich und wurden zu den der heutigen Nutztieren wie Kühe, Schafe oder Pferde.

Die Katze ging – wie immer – von Beginn an ihre eigenen Wege. Im Gegensatz zu allen anderen Tieren kam der Entschluss des Zusammenlebens von Seiten der Katze. Zunächst hielten sich immer mehr Katzen in der Nähe menschlicher Siedlungen auf. Hier wurden Vorräte gelagert und hier fanden sich Mäuse und Ratten in großer Zahl. Der samtpfotige Einzelgänger gewöhnte sich in dieser Zeit auch an das friedliche Leben in Gruppen, denn schließlich musste man nicht mehr um wenige Beutetiere konkurrieren. Die wohlschmeckenden Schädlinge gab es nun in ausreichenden Mengen in den Scheunen der Bauern. Der Mensch begriff sehr bald den großen Nutzen der schnurrenden Schädlingsvernichter und bot den Tieren Obhut. Unter dem Schutz des Menschen entwickelte sich die Katze über Jahrhunderte vom Wild- zum heutigen Haustier.

Ob Perser- oder Siamkatze: Im Gegensatz zu anderen domestizierten Tieren besitzen die heutigen Hauskatzen noch alle Fähigkeiten ihrer wilden Vorfahren und könnten ohne die Hilfe des Menschen überleben. Doch der Kontakt mit dem Menschen und die behagliche Umgebung werden von den meisten Katzen hoch geschätzt und

Wenn sich das Nasswerden für einen leckeren Fisch lohnt, dann überwinden Katzen sogar die Scheu vor dem Wasser.

Foxi und Karlchen

Karlchen erblickte am ersten Januar 2000 in Prag das Licht der Welt – ein echtes Millenniumskind also. Als ich ihn abholte, wusste ich sofort: Dieser kleine gestromte Kater hat das „gewisse Etwas“. Ob er sich gut mit Foxi, unserem Abessinierkater vertragen würde? Foxi nannten wir übrigens deshalb so, weil er aussieht wie ein kleines Füchschen. Nicht nur sein rötliches Fell, sondern auch sein schlauer spitzbübischer Gesichtsausdruck erinnern an Reineke Fuchs. Nach der langen Autofahrt durfte nun mein Katerchen endlich in sein neues Zuhause. Zum ersten Kennenlernen mit Foxi hatte ich die Küche gewählt. Kaum sah Foxi den Neuen, sträubte er alle Haare, machte einen Buckel und fauchte furchterregend. Er wollte anscheinend gleich mal klar stellen, wer hier der Herr im Hause ist. Doch das Kätzchen aus Prag ließ sich von Foxis Machtdemonstration nicht beeindrucken. Mit hochgestelltem Schwänzchen und stolz gerecktem Köpfchen marschierte es gelassen an Foxi vorbei und sprang auf den Küchentisch. Von hier aus schaute der kleine Kater freundlich interessiert auf Foxi hinab. Sichtlich irritiert begann sich Foxi – wohl mehr aus Verlegenheit – zu putzen.

Von da an hatte der Kleine für mich seinen Namen weg. Sein „triumphaler Einzug“ erinnerte mich an Karl den Großen. Doch weil mein Katerchen noch so jung war, nannte ich ihn erst einmal Karlchen den Kleinen.

so kommen die Samtpfoten von ihren Ausflügen immer wieder dorthin zurück.
Der Respekt für die Schönheit und Lebendigkeit, aber auch das Mystische dieser Tiere zeigt sich in der Bedeutung, die die Katze als Symbol in vielen Kulturen einnimmt. Die bekannteste unter ihnen ist die ägyptische Göttin Bastet, die in Gestalt einer Katze für Fruchtbarkeit und Liebe stand. Aber auch in der chinesischen Mythologie findet man das charmante Raubtier als Beschützer vor bösen Geistern. Im Mittelalter, wurden die schönen und sinnlichen Tiere dann als Gehilfen Satans verfolgt und in großer Zahl öffentlich verbrannt. Glücklicherweise war dieser Teil der Geschichte der Katze nur von kurzer Dauer. Mitte des 19. Jahrhunderts begannen Katzenliebhaber die Tiere nach bestimmten Merkmalen zu züchten und bildeten damit den Grundstock der heutigen Rassenvielfalt. Doch ob nun langhaariger Perser, geschmeidiger Orientale oder verschmuste Feld- und Wiesenkatze – sie alle haben ihre Wurzeln in dem Wildtier, dass sich aus eigenem Entschluss dem Menschen näherte und schließlich in sein warmes Wohnzimmer einzog.

Das eigene Revier

Katzen brauchen ihr persönliches Territorium. Das Bedürfnis nach einem eigenen Revier ist bei Katzen sehr unterschied-

So sind Katzen

- Wohnungskatzen brauchen viel Beschäftigung und gemeinsame Zeit mit dem Besitzer.
- Alle Katzen sind von Natur aus neugierig. Vor allem junge Katzen leben deshalb oft gefährlich.
- Alle Katzen spielen gern. Mit der Zeit entwickelt jede Katze ihre Lieblingsspiele.
- Katzen sind Raubtiere und benötigen zur gesunden Ernährung viel tierisches Eiweiß.
- Katzen werden vor allem zur Dämmerungszeit und in den Abendstunden aktiv.
- Katzen ruhen gerne auf erhöhten Plätzen; hier fühlen sie sich sicher.
- Katzen mögen keine Hektik. Bei zu viel Bewegung und Geschrei ziehen sie sich zurück.
- Katzen hören sehr gut. Laute Musik oder andere Geräusche können als störend empfunden werden.
- Katzen sehen auch in der Dämmerung sehr gut. Ihre Beute, Mäuse und andere Nager, ist zu dieser Zeit nämlich besonders aktiv.

lich ausgeprägt. Manchen reicht der eigene Sitzplatz auf dem Schrank, andere wieder brauchen zur Zufriedenheit Haus und Garten für sich allein und dulden keine andere Katze in ihrer Nähe. Oft zeigen sich die Einsiedler unter den Stubentigern außergewöhnlich fixiert auf den Kontakt mit dem Menschen. Die Grenzen des eigenen Reviers werden auf unterschiedliche Weise gekennzeichnet. Mit speziellen Duftdrüsen im Bereich des Mauls wird durch Reiben des Kopfes an Ecken und Gegenständen eine Geruchsmarkierung gesetzt. Auch das Markieren durch Kratzen an Flächen oder das Urinieren an bestimmten Plätzen dient dem Abstecken der unsichtbaren Grenzen.

➜ Das tut Ihrer Katze gut: Geben Sie Ihrer Katze die Möglichkeit, sich in ihrem Revier zurückzuziehen. Katzen bevorzugen erhöhte Plätze wie z.B. Sitzbretter, die an der Wand befestigt werden. Hier haben sie den Überblick über die Umgebung und fühlen sich sicher. Ganz besonders gilt dies für Wohnungen, in denen mehr als eine Katze gehalten wird. Indem sich die Tiere aus dem Weg gehen können, werden Spannungen vermieden.

Katzen brauchen Bewegung

Der Körper der Katze ist die perfekte »Jagdmaschine«. Muskeln, Gelenke und Körperbau sind in ihrer Konstruktion ausgerichtet auf geschmeidige und lautlose Bewegungen, blitzschnelle Reaktionen und perfekte Koordination, in deren Licht menschliche Leistungssportler erblassen. Es liegt in der Natur der Tiere, diese Fähigkeiten tagtäglich in einem aktiven Leben zu trainieren. Katzen, die als Freigänger ihr eigenes

Peterchen sucht Entspannung in der Hängematte.

TIPP vom ZÜCHTER

Gehen Sie bei der Anschaffung einer Katze nicht nur nach dem Äußeren. Achten Sie vor allem auch auf spezifische Charakterzüge. Siamkatzen zum Beispiel äußern sich bisweilen sehr lautstark und brauchen außerordentlich viel Beschäftigung, um zufrieden zu sein.

Revier außerhalb des Hauses besitzen, decken hier ihr Bedürfnis nach Bewegung. Doch auch Wohnungskatzen können ein körperlich aktives Leben führen. Kratz- und Kletterbäume ersetzen die Herausforderungen der freien Natur. Noch viel mehr Spaß macht es allerdings den meisten Katzen, diese Fitnesswelt zusammen mit einer anderen Katze zu erforschen und sich z.B. gegenseitig auf die »Bäume« und wieder herunter zu jagen.

Der tägliche mehrfache Patrouillengang durch die Wohnung gehört ebenfalls zum Alltag der Katze. Da der Stubentiger im Gegensatz zum Hund kein Rudel besitzt, das ihn beschützt, muss er selbst das Territorium auf Eindringlinge oder Veränderungen kontrollieren. Diese Rundgänge durch die Wohnung verschaffen der Katze das Gefühl der Sicherheit. Dies und der starke Bewegungsdrang sind Gründe, warum die freiheitsliebenden Tiere es gar nicht schätzen, wenn ihr Auslauf innerhalb der Wohnung auf wenige Zimmer beschränkt wird.

➜ Das tut Ihrer Katze gut: Machen Sie es Ihrer Katze nicht zu leicht! Bauen Sie ihr einen Katzenpfad mit allen »Schikanen« die z.B. Herausforderungen an die körperlichen Fähigkeiten einer Katze darstellen. Dicke Schiffstaue, über eine Ecke gespannt, bilden wackelige Brücken und trainieren das Balanciervermögen. Bis zu 1,5 Meter auseinander gestellte Kratzbäume oder Sitzbretter animieren zum Sprungtraining (→ Spiellandschaft gestalten, Seite 42 bis 46).

Katzenwäsche

Katzen verbringen ein Drittel ihres Tages damit, sich zu putzen. Diese Fellpflege fördert das Wohlbefinden der Tiere. Es hat schon meditativen Charakter, eine Katze zu beobachten, die sich intensiv ihrer Fellpflege hingibt. Doch nicht nur für den Beobachter, auch für die Katze ist dieser Säuberungsprozess beruhigend und verhilft zum Ausgleich. Eine Katze, die sich erschreckt hat, oder eine unangenehme Prozedur wie z.B. das Krallenschneiden über sich ergehen lassen musste, baut den inneren Stress ab, indem sie sich hingebungsvoll putzt.

Durch die Beweglichkeit gibt es fast keine Körperstelle, die mit der Zunge oder den Zähnen der Katze nicht erreicht werden kann. Katzen, die sich gut verstehen, helfen sich auch gegenseitig bei der Körperpflege. Vorteilhaft ist dies besonders an den schwer erreichbaren Stellen im Bereich des Kopfes. Das gegenseitige Putzen ist aber auch ein Relikt aus den Kindertagen und versetzt den »Geputzten« wieder in den Zustand des kleinen Kätzchens, das sich, von der Mutter umsorgt und behütet, sicher und geborgen fühlt. Das Streicheln durch die Hand des Menschen erzeugt ein ähnliches Gefühl. Die Hand ist hier sozusagen eine riesige Zunge, die über das Fell fährt. Große Genießer unter den Katzen reagieren auf diesen zärtlichen Kontakt mit Tretbewegungen oder speicheln sogar stark. Auch dies sind frühkindliche Verhaltensweisen, die vom Saugakt an den Zitzen der Mutter stammen.

➜ Das tut Ihrer Katze gut: Katzen schmusen gerne, aber sie brauchen dafür Ruhe. Katzen werden nicht gerne zum Streicheln gezwungen und machen diesen Unmut unter Umständen auch mit Krallen oder Zähnen deutlich. Ein Mensch, der ständig in Bewegung ist, wirkt auf die Katze nicht als attraktiver Schmusepartner. Setzen Sie sich ruhig auf einen Sessel und warten Sie, bis Ihre Katze von selbst zu Ihnen kommt. Beginnen sie, wie die Mutterkatze, mit dem Streicheln am Kopf und wandern sie dann langsam über den ganzen Körper. Aber Vorsicht! Manche Katzen sind am Bauch sehr empfindlich und manche möchten dort lieber gar nicht erst angefasst werden.

In der Natur dienen Baumstämme zum Krallenschärfen und zur Reviermarkierung.

Katzen spielen gern

Die meisten Tiere spielen nur in den ersten Monaten unter der Sicherheit gebenden Aufsicht der Eltern. Als Erwachsene in der Wildnis wird die Spielzeit deutlich verringert. Spielen kann gefährlich werden, wenn das Tier so darin versunken ist, dass es seine Umgebung nicht mehr wahrnimmt und damit ein leichtes Opfer für

Foxi will hoch hinaus

Karlchen saß schon eine ganze Weile auf dem Fensterbrett und starrte gebannt auf die mächtige Fichte vor dem Fenster. Hatte er einen Vogel im Visier? Die Antwort bekam ich prompt, als ich Karlchens Blickrichtung folgte.

In etwa 15 Metern Höhe kletterte Foxi – er war damals erst 12 Wochen alt – den Baumstamm hinauf. Er musste den kurzen Besuch des Briefträgers, der mir ein Einschreiben brachte, für seinen Ausflug ins Grüne genutzt haben. Aufgeregt und barfuß wie ich war rannte ich zur Fichte und rief immer wieder Foxis Name – mit dem Erfolg, dass der kleine Kater, als er meine Stimme hörte, höher und höher kletterte. Was sollte ich bloß tun? „Hier kann nur noch die Feuerwehr helfen“, überlegte ich. Da rieselten plötzlich Fichtennadeln auf mich herab und ich sah, dass Foxi von Ast zu Ast fallend der Erde entgegen „segelte“. Reflexartig breitete ich meine Arme aus und fing mein Katerchen sicher auf. Doch was hielt ich da in den Händen? Foxis Fell war über und über mit Harz verklebt. Er roch wie ein Fichtennadelschaumbad. Der Tierarzt gab mir schließlich den Rat, sein Fell mit warmem Olivenöl zu reinigen. Aber nach dieser Behandlung erinnerte mich Foxi eher an einen kleinen Igel und nicht an eine Katze. Sein Fell war fettverschmiert und der arme Kerl fror erbärmlich. Hier half nur noch ein Duschbad mit Katzenshampoo. Als ich ihn endlich trocken geföhnt hatte, schlief Foxi erschöpft in meinen Armen ein.

Raubtiere wird. Doch unsere Haustiere spielen verglichen mit ihren wilden Artgenossen viel länger. Nicht, weil sie noch etwas durch das Spiel lernen müssten, sondern weil sie sich dabei wohl fühlen und nicht gefährdet sind. Katzen fallen im Kontakt mit dem Menschen zudem in ein Mutter-Kind-Schema zurück und zeigen beim Zusammensein mit dem Menschen auch im hohen Alter noch kindliche Verhaltensweisen.

Im Gegensatz zu anderen Raubtieren jagen freilebende Katzen unabhängig vom eigenen Hungergefühl zu jeder Zeit mit Begeisterung. Ob er satt ist oder nicht, den samtpfotigen Jäger fasziniert jedes sich bewegende Objekt, das eine potentielle Beute darstellt. Dieser unstillbare Jagdeifer hat auch einen Sinn: Nur jeder dritte Jagdversuch einer Katze ist in der freien Natur erfolgreich. Um das Überleben zu sichern, kann es sich die Katze schlicht nicht leisten, eine Maus aus Unlust oder Sattheit laufen zu lassen. Dieser Jagdtrieb zeigt sich bei der Hauskatze in einer nicht enden wollenden Lust am Spiel. Bei den Wohnungskatzen ist dies besonders ausgeprägt: Da sie sich nicht selbst versorgen müssen, erleben sie das Glück des Jägers in einer spielerischen Form, wie man sie bei jungen Katzen ständig beobachten kann. Dabei ist es gleich, ob ein Ball durch die Wohnung gewirbelt oder eine Fellmaus erjagt wird – das Gesicht Ihrer Katze bei dieser Freizeitbeschäftigung sagt Ihnen: Ich bin glücklich, tue das, was ich am Besten kann und fühle mich pudelwohl!

Auch die aktiven Phasen im Alltag einer Katze lassen keinen Zweifel an der Verwandtschaft mit den frei lebenden Artgenossen: Am Abend, im Dämmerungslicht,

»Geh weg, oder ich hau dich!« In der Körpersprache sind Katzen sehr ausdrucksstark.

werden die meisten Katzen besonders aktiv und fordern von den Besitzern die gewünschte Beachtung.

Beschäftigen Sie sich mit der Katze und ermöglichen Sie ihr das Jagd-Training, das sie braucht, um sich später ausgeglichen und zufrieden auf ihrem Lieblingssessel zusammenzurollen! Tun Sie es nicht, sucht sich die Katze selbst eine Beschäftigung: Besitzer mit wenig Zeit für den verspielten Stubentiger werden nicht selten mit zerstörerischen Spielen am Vorhang oder mit den wertvollen Porzellanfigürchen »bestraft«.

➜ Das tut Ihrer Katze gut: Katzen sind intelligent und möchten auch geistig gefordert werden. Variieren Sie deshalb das Spiel nach den Vorbildern der Natur: Bieten Sie Ihrer Katze die weglaufende »Maus«, den über den Kopf fliegenden »Vogel« oder den »Fisch«, der mit Schaufelbewegungen der Pfote unter einer Decke herausgefischt werden muss.

Katzen können sprechen

»Miau« ist wohl der Laut, der jedem zur Frage »Wie macht die Katze?« einfällt. Das Miauen ist aber bei Weitem nicht der einzige Weg der Kommunikation mit dem Menschen sowie mit Artgenossen.

Katzen können ein breites Spektrum an Lauten erzeugen, die zum Teil so differenziert sind, dass sie sogar Ähnlichkeit mit Worten haben. Besitzer, die lange und intensiv mit ihrer Katze zusammenleben, hören bereits am Klang des Miauens,

TIPP vom TIERARZT

Katzen sind vor allem in den ersten Monaten unglaublich neugierig. Sie kriechen überall hinein, auch wenn sie Gefahr laufen, nicht mehr herauszukommen. Machen Sie Ihre Wohnung katzensicher, um Unfälle zu vermeiden (→ Gefahrenquellen, Seite 38).

ob ihre Katze sich über Hunger oder Langeweile beklagt oder ob sie einfach nur ein »Guten Morgen« zum Ausdruck bringt. Manche Rassen neigen besonders stark zum so genannten Vokalisieren. Die Siam-Katze beispielsweise gehört zu den kommunikativsten Rassekatzen. Sie erzählt dem Besitzer oft scheinbar ganze Geschichten.

Das Gurren mit geschlossenem Mund ist ein hoher, freundlicher Laut, der meist bei der Begrüßung oder als Signal der Freude beim herannahenden Besitzer oder Artgenossen gezeigt wird. Natürlich kennt jeder das Schnurren einer Katze, die sich wohl fühlt. Auch wenn die Erzeugung dieses Lautes den Wissenschaftlern bis heute ein Rätel aufgibt, ist es doch für die meisten Menschen angenehm, und es hat eine wunderbar beruhigende Wirkung, eine schnurrende Katze im Arm zu halten. Schnurren hat aber auch andere Bedeutungen: Kleine Kätzchen schnurren, wenn sie sich erwachsenen Katzen in spielerischer Absicht nähern. Aber Katzen schnurren zuweilen auch, wenn sie Schmerzen haben.

Instinktiv weiß jeder Mensch, dass er sich einer fauchenden Katze besser nicht weiter als geschehen nähert. Doch nicht nur der ruckartige Ausstoß der Atemluft, der im Angloamerikanischen bildlich auch als »Spucken« (»Spitting«) bezeichnet wird, sondern die gesamte Körperhaltung und Mimik der Katze zeigen hierbei: »Bleib weg, sonst wird es unangenehm!« So wie in dieser Situation gibt es zahlreiche andere Möglichkeiten, mit Mimik und Gestik Gefühle und Absichten auszudrücken. Ein typisches Beispiel dafür ist auch die aufrechte Schwanzhaltung beim Eintreffen des Besitzers oder bekannter Personen. Dieser »Begrüßungsschwanz« zeigt die Freude des Tieres und heißt den geliebten Menschen willkommen.

Katzen sind neugierig

»Curiosity kills the cat«, zu deutsch: »Neugier tötet die Katze« – dieser im Englischen häufig gebrauchte Spruch kommt nicht von ungefähr. Katzen zeichnen sich in jedem Alter durch eine ausgeprägte Neugierde aus. Der Forscherdrang der Miezen hat glücklicherweise nicht immer so fatale Folgen – oft haben Katzen sogar Erfolg damit. Besitzer berichten immer wieder von Tieren, die so lange an Türklinken oder den Griffen der Schränke pfoteln und probieren, bis

Frisches Quellwasser ist Katzen am liebsten. Abgestandenes Wasser mögen sie nicht so gern.

sie den Dreh zum Öffnen der Türen schließlich herausfinden. Wenn sich dahinter die Dose mit den Belohnungshappen befindet, ist der Ehrgeiz der getigerten Autodidakten kaum zu stoppen. Kein Karton, keine Dose, in die nicht hineingeschaut werden muss – es könnte sich ja etwas zum Spielen oder zum Fressen darin verstecken! Dieses Verhalten ist auch ein Zeichen für eine Intelligenz, die genutzt und gefördert werden möchte. Letzteres gilt vor allem für Wohnungskatzen, die sich durch die beschränkte Größe des Territoriums schnell langweilen.

➜ Das tut Ihrer Katze gut: Trainieren Sie die Intelligenz Ihrer Katze von den ersten Lebenswochen an. Bieten Sie ihr häufig neues, unbekanntes Spielzeug. Verstecken Sie Futter so, dass Ihre Katze danach suchen muss und nur durch Geschicklichkeit ans Ziel kommt. Ein einfaches Beispiel ist eine an beiden Seiten mit zerknülltem Zeitungspapier verschlossene Papprolle. In ihrem Inneren platzieren Sie Futterleckerbissen. Ihre Katze wird sicher mit viel Spaß und Elan einen Weg finden, an die leckeren Innereien der Rolle heranzukommen (→ Foto, Seite 45).

»Früh übt sich...«, wenn in diesem Fall auch der Grashalm die fehlende Maus ersetzen muss.

Wie gut kennen Sie Ihre Katze?

Wenn Sie Ihre Katze richtig halten und verstehen möchten, sollten Sie sich unbedingt mit dem Wesen und Verhalten von Katzen auseinandersetzen. Wie viel Sie bereits über Ihren Liebling wissen, verrät Ihnen dieser Test.

	JA	NEIN
1 Hören Katzen besser als wir?		
2 Setzen Katzen beim Kratzen an Möbeln Duftmarken?		
3 Verständigen sich Katzen durch eine Körpersprache?		
4 Haben Katzen einen besseren Geruchssinn als wir?		
5 Kann man Katzen Milch statt Wasser geben?		
6 Kann man Katzen rohes Schweinefleisch füttern?		
7 Werden Katzen im Durchschnitt etwa zehn Jahre alt?		
8 Spielen erwachsene Katzen nicht mehr?		
9 Müssen Katzen das Jagen erst lernen?		
10 Sind Katzen grundsätzlich Einzelgänger?		
11 Ziehen Katzen sich zum Sterben zurück?		
12 Heißt Schnurren immer Zufriedenheit?		
13 Sind Katzen von Natur aus neugierig?		

Auflösung: 1 = Ja; 2 = Ja; 3 = Ja; 4 = Ja; 5 = Nein; 6 = Nein; 7 = Ja 8 = Nein; 9= Ja; 10 = Nein; 11 = Ja; 12 = Nein; 13 = Ja.

Vertrauen schaffen von Anfang an

Karlchen interessiert sich für alles, was sich bewegt. Gemeinsames Spiel zwischen Mensch und Katze dient nicht nur der Beschäftigung, sondern fördert auch die Bindung zwischen beiden. Und großen Spaß macht es sowieso!

love it

TIPP vom THERAPEUTEN

Vorsicht bei jungen Katzen und Babys. In ihrem Entdeckungs- und Spieltrieb sind für junge Katzen die kleinen, winkenden Babyhändchen, aber auch die blinzelnden Äuglein ein beliebtes Spielobjekt. Vor allem der Angriff mit scharfen Krallen kann für Babys fatale Folgen haben!

So fühlt eine Katze

Die Katze gehört zu den geistig hoch entwickelten Haustieren. Dies zeigt sich zum Beispiel an der ausgeprägten Körpersprache oder dem Sozialverhalten gegenüber Artgenossen und auch dem Menschen.

Bei letzterem gibt es allerdings große Unterschiede: Artgenossen sind immer auch Rivalen um Futter oder Lieblingsplätze, und im intensiven Zusammenleben bilden Katzen sogar eine Art Rangordnung, die den Frieden in der »Katzensippe« bewahren soll. In der bisweilen sehr intensiven Beziehung zum Menschen gibt es keine echte Rangordnung. Stattdessen fällt die Katze im Zusammensein mit ihrem Besitzer häufig in eine Art »Babyrolle« zurück.

Wenn der erfolgreiche Jäger zurück ins Haus kommt und »seinen Menschen« mit lautem Miauen begrüßt, würde die Katze übersetzt »Mami! Ich bin wieder da!« rufen und damit in Sekunden den Wechsel von der erwachsenen Katze zum kleinen Kätzchen vollziehen.

Verhaltensweisen wie das »Milchtreteln« und der mehr oder weniger stark ausgeprägte Speichelfluss weisen ebenfalls auf die Mutter-Kind-Beziehung zwischen Mensch und Katze hin. Dennoch verleiht uns diese Sonderstellung bei der Katze nicht die Kontrolle über das Tier.

Der Eigensinn, das Wilde und irgendwie auch Unzähmbare, das die Katze gleichermaßen in sich trägt, ist wohl die reizvolle Mischung, die Katzenliebhaber an diesem Tier so fasziniert.

Gerade noch sitzt die Katze auf Ihrem Schoß, schnurrt und blinzelt verträumt, während Sie ihr das Kinn kraulen. Im nächsten Moment hat sie einen Vogel durch das Fenster erspäht und springt mit zwei großen Sätzen auf die Fensterbank, um dem gefiederten Opfer zumindest in Gedanken nachzujagen!

Gegensätze gehören zum Naturell der Katze. Katzen brauchen einerseits viel Schlaf, Ruhe und Entspannung, andererseits brauchen sie auch jede Menge Spiel und Spaß. Dies gilt vor allem für die Wohnungskatzen, die ihrem Drang nach Bewegung und ihrem Jagdbedürfnis nicht so einfach nachgehen können, wie die so genannten »Freigänger«.

Ganz besonders junge Katzen unter einem Jahr suchen sich stündlich neue Action und können damit ihren Besitzer schon mal an den Rand der Verzweiflung bringen. Aber keine Angst! Auch wenn Sie das Gefühl haben, statt einem Schmusekätzchen »Catzilla« ausgewählt zu haben – manche Katzen brauchen länger als ein Jahr, um auch ihre anschmiegsame Seite zu entwickeln. Sicherlich gibt es Katzen, die von Grund auf mehr und solche die eher weniger schmusen. Doch spielen die Erfahrungen der ersten Monate bei dieser Neigung eine entscheidende Rolle. Wird ein kleines Kätzchen zum Beispiel ständig hochgehoben, festgehalten und zum Schmusen gezwungen, so wird es versuchen, die Nähe des Menschen eher zu meiden. Lassen Sie der kleinen Katze von Anfang an die Wahl. Die kleinen Samtpfoten müssen den Weg zu Ihnen finden und nicht umgekehrt. Setzen Sie sich ruhig auf den Boden, und wenn das Kätzchen in Ihre Nähe kommt, streicheln Sie es zärtlich unter dem Kinn oder hinter den Ohren. Greifen Sie nicht nach ihr und halten Sie sie nicht fest, wenn sie wieder gehen will. Nach wenigen, so angenehmen Erfahrungen wird die Katze immer wieder gerne Ihre Nähe suchen. Natürlich gibt es auch Spiel- und Tobestunden mit den Besitzern. Die Hände sollten dabei aller-

Wunschzettel der Katze

Das mag sie:

1. Gemeinsame Zeit zum Spielen und Schmusen mit »ihrem« Menschen.
2. Manche Tiere lieben das Zusammenleben mit anderen Katzen.
3. Jagdspiele mit verschiedenem Spielzeug, wie Federpuschel, Katzenangel oder Tischtennisball.
4. Erhöhte Sitz- und Liegeflächen.
5. Kratzbäume mit vielen Klettermöglichkeiten.
6. Einen Sitzplatz auf der Fensterbank.
7. Kartons oder ganze Kartonburgen zum Erkunden und Versteckspielen.
8. Offene Türen und am besten eine Katzenklappe in den Garten.

Das mag sie nicht:

1. Lange oder häufige Abwesenheit des Besitzers.
2. Hektik oder Menschen, die ständig in Bewegung sind.
3. Einsamkeit und Langeweile.
4. Laute Geräusche.
5. Geschlossene Türen, die den täglichen Patrouillengang behindern.
6. Grobes Spiel mit den Händen.
7. Schlafkorb auf dem Boden und Katzentoilette direkt neben dem Fressplatz.
8. Gegen den eigenen Willen gestreichelt und gedrückt zu werden.

dings aus dem Spiel gelassen werden. Hände sind zum Streicheln da und nicht potentielle Jagdopfer, in die man beißen und seine Krallen schlagen kann!

Wenn eine Katze kratzt, gibt es dafür meist zwei Ursachen: Entweder hat sie nicht gelernt, dass die Krallen im Spiel nichts zu suchen haben, oder der Mensch hat die Signale nicht erkannt, die bedeuten: »So, jetzt hab ich genug, mach' mal eine Pause«. Letztere Situation entsteht häufig mit Kindern. Dann sollte man aufmerksam sein, die Hände aus dem Spiel nehmen und der Katze die Möglichkeit geben, das Spiel zu beenden.

Kinder und Katzen

Kinder lieben Katzen. Es ist lustig, mit ihnen zu spielen, ihr Fell ist weich und kuschelig, und das Schnurren einer Katze ist für Kinder ebenso faszinierend wie für Erwachsene. Doch – wie bei allen anderen Haustieren – muss Kindern der richtige Umgang mit Katzen gut erklärt werden. Nicht nur, weil der falsche Umgang der Katze schadet, sondern auch, weil diese sich gegebenenfalls auch wehren und in der zarten Kinderhaut ihre Spuren mit Krallen oder Zähnen hinterlassen kann. Vor allem wenn das Kätzchen neu ins Haus kommt, müssen Kinder lernen, dass kleine Katzen gerne spielen, aber auch Zeit für den Schlaf, die Katzenwäsche oder einfach nur für eine Entdeckungsreise auf eigene Faust brauchen, um sich richtig wohl zu fühlen.

Karlchen und Michael machen gemeinsam ein entspannendes Nickerchen.

Urlaubsüberraschung

Endlich waren alle Koffer gepackt und im Auto verstaut. Gleich wollten wir in unseren wohlverdienten Urlaub gen Süden starten. Für Foxi und Karlchen war unterdessen gut gesorgt, denn meine Schwiegereltern übernahmen ihre Betreuung vor Ort. So konnten die beiden in ihrem gewohnten Zuhause bleiben. Im Flur schnappte ich mir schnell noch den Weidenkorb mit Kinderkleidung, den ich unserer Urlaubsfamilie mitbringen wollte und verfrachtete den Korb neben die Kühltasche auf den Rücksitz unseres Autos. Dann konnte es endlich losgehen! Drei Stunden später fuhren wir auf einen Parkplatz. Die Pause und eine Kleinigkeit zu essen würden uns gut tun! Als ich mich umdrehte, um die Kühltasche vom Rücksitz zu holen, öffnete sich der Deckel des Weidenkorbs wie von Geisterhand und Karlchen streckte sein Köpfchen heraus. Sein freudiges Miauen sollte wohl so viel heißen wie „Ja, ich bin's wirklich. Da staunt ihr, nicht wahr? Aber jetzt hab'ich auch Hunger." Karlchen hatte also wieder einmal dem Wäschestapel nicht widerstehen können und sich zwischen den Kleidungsstücken ein weiches, warmes Versteck gesucht.
Leider konnten wir Karlchen nicht mit in Urlaub nehmen, denn wir hatten seinen Impfpaß gar nicht dabei. Schweren Herzens brachten wir ihn wieder zurück nach Hause. Doch wir schworen uns: Den nächsten Urlaub verbringen wir zusammen mit Karlchen und Foxi.

Vertrauen aufbauen Schritt für Schritt

Um Ihr Kätzchen zu der anhänglichen Schmusekatze zu machen, müssen Sie bei kleinen Tigern langsam vorgehen.

Stellen Sie der Katze zuerst nur ein einziges Zimmer zur Verfügung, denn die neuen Eindrücke sollten überschaubar sein. Setzen Sie sich ruhig neben den Korb und beobachten Sie in aller Ruhe, wie die Katze die neue Umgebung untersucht und die Einrichtungsgegenstände beschnuppert. Ängstliche Tiere versuchen vielleicht sogar, sich unter Möbeln zu verstecken. Lassen Sie Ihrem neuen Stubentiger Zeit, auch wenn es etwas länger dauert. Früher oder später siegt auch bei Ihrer Katze die Neugierde und sie wird aus ihrem Versteck hervorkommen. Die meisten Katzen suchen früher oder später den Kontakt zum Menschen. Besonders junge Kätzchen, denen der Kontakt zum Muttertier fehlt, entdecken schnell, wie angenehm und beruhigend die sanfte Stimme eines Menschen und das zärtliche Streicheln seiner Hand ist. Hat Ihre Katze erst einmal Vertrauen zu Ihnen gefasst, gehen Sie auf gemeinsame Entdeckungsreise durch Ihre gesamte Wohnung.

Foxi gibt Köpfchen! Dies ist eine besondere Begrüßung der Katze und wird nur »Auserwählten« zuteil!

Katzen und andere Tiere

»Die sind wie Hund und Katz'« – ein Sprichwort, das so nicht zutrifft. Katzen und Hunde können dicke Freunde werden, wenn sie von klein auf aneinander gewöhnt werden. Aber auch eine ältere Katze kann sich noch an einen Hund gewöhnen, wenn man ihr die Zeit dazu lässt. Ausnahmen bestätigen allerdings auch hier die Regel: Bestimmte Hunderassen, wie z. B. Jagdhunde, neigen hin und wieder dazu die Katze als Beute für eine spannende Jagd zu sehen. Andererseits gibt es Katzen, die ihre Angst vor Hunden niemals abbauen. Von kleinen Heimtieren, wie etwa Ratten, Hamstern, Mäusen oder kleinen Ziervögeln, können Katzen nur sehr selten die Pfoten lassen, und ein »Unfall« geht für Harry, die Maus, oder Hansi, den Wellensittich, dann oft tödlich aus.

Der Partner-Test

	Katze	Hund	Kaninchen	Meerschweinchen	Ratte	Maus	Hamster	Wellensittich
Katze	Sind sich schnuppe / Vertragen sich bestens	Aneinander gewöhnen / Mord und Totschlag	Aneinander gewöhnen / Mord und Totschlag	Mord und Totschlag	Mord und Totschlag	Mord und Totschlag	Mord und Totschlag	Mord und Totschlag
Hund	Aneinander gewöhnen / Mord und Totschlag	Aneinander gewöhnen / Vertragen sich bestens	Aneinander gewöhnen / Mord und Totschlag	Aneinander gewöhnen / Mord und Totschlag	Mord und Totschlag	Mord und Totschlag	Mord und Totschlag	Aneinander gewöhnen
Kaninchen	Aneinander gewöhnen / Mord und Totschlag	Aneinander gewöhnen / Mord und Totschlag	Aneinander gewöhnen / Mord und Totschlag	Aneinander gewöhnen	Mord und Totschlag	Mord und Totschlag	Mord und Totschlag	Aneinander gewöhnen
Meerschweinchen	Mord und Totschlag	Aneinander gewöhnen / Mord und Totschlag	Aneinander gewöhnen	Vertragen sich bestens	Sind sich schnuppe	Sind sich schnuppe	Sind sich schnuppe	Sind sich schnuppe
Ratte	Mord und Totschlag	Mord und Totschlag	Mord und Totschlag	Sind sich schnuppe	Aneinander gewöhnen	Mord und Totschlag	Mord und Totschlag	Mord und Totschlag
Maus	Mord und Totschlag	Mord und Totschlag	Mord und Totschlag	Sind sich schnuppe	Mord und Totschlag	Aneinander gewöhnen	Sind sich schnuppe	Sind sich schnuppe
Hamster	Mord und Totschlag	Mord und Totschlag	Mord und Totschlag	Sind sich schnuppe	Mord und Totschlag	Sind sich schnuppe	Mord und Totschlag	Sind sich schnuppe
Wellensittich	Mord und Totschlag	Aneinander gewöhnen	Aneinander gewöhnen	Sind sich schnuppe	Mord und Totschlag	Sind sich schnuppe	Sind sich schnuppe	Vertragen sich bestens

Vertragen sich bestens · *Mord und Totschlag* · *Sind sich schnuppe* · *Aneinander gewöhnen*

4 Gemeinsames Spiel

Spielen macht nicht nur Spaß, sondern fördert auch das Kennenlernen. Die Katze lernt, dass auch schnellere Bewegungen von Ihrer Seite keine Gefahr bedeuten und verbindet mit Ihnen nun alles Positive: Futter, Streicheleinheiten, Gesellschaft und Spiel! Übrigens, so ein kleiner Tunnel erschwert die Jagd und macht das Spiel noch spannender.

5 Dicke Freunde

Nun ist es soweit, Ihr Stubentiger vertraut Ihnen voll und ganz! Immer öfter wird Ihre Katze nun die Initiative zur Kontaktaufnahme zeigen. Sie wird Ihnen um die Beine streichen, auf den Schoß springen und ihr Köpfchen an Ihrem Kinn reiben. Auch zum Spielen werden Sie jetzt mitunter aufgefordert.

6 Ganz entspannt

Hat die Katze erst Vertrauen zu Ihnen gefasst, wird sie dies deutlich zum Ausdruck bringen. Katzen wälzen sich dann in Gegenwart der geliebten Person gerne auf die Seite und fordern damit regelrecht zum Streicheln auf. Sie können nun vorsichtig versuchen, auch die empfindlicheren Stellen einer Katze, wie etwa Pfoten und Bauch, zu streicheln.

1 Neugierig machen

Machen Sie es sich gemütlich, denn Ihre Katze bestimmt jetzt das Tempo des Kennenlernens. Mit der Stimme oder »Kussgeräuschen«, auf die Katzen besonders interessiert reagieren, können Sie die Aufmerksamkeit des Tieres auf sich lenken. Nähert sich Ihnen die Katze, achten Sie darauf, keine ruckartigen Bewegungen zu machen. Auch lautes Rufen oder andere Geräusche können die Katze schnell erschrecken.

2 Leckerbissen reichen

Damit die Katze positive Erfahrungen mit Ihnen verbindet und die Scheu vor Ihnen verliert, können Sie mit kleinen Tricks arbeiten. Geben Sie der Katze zu Beginn nur einen Teil des Futters in ihre Schüssel, den Rest füttern Sie Stück für Stück mit der Hand. Diese Technik hat natürlich nur dann einen Sinn, wenn die Katze sich bereits in Ihre Nähe traut und das Futter annimmt. So lernt die Katze, dass von Ihrer Hand Gutes kommt.

3 Schmusestunde

Kommt die Katze nun mit Freude und in positiver Erwartung zu Ihnen, versuchen Sie langsam, das Tier zu streicheln. Reden Sie dabei mit sanfter Stimme mit dem Tier und kraulen Sie es vorsichtig unter dem Kinn oder hinter den Ohren. Halten Sie es auf keinen Fall fest. Die Katze sollte das Gefühl haben, sich jederzeit wieder von Ihnen entfernen zu können. Streicheln Sie die Katze vorerst im Bereich des Kopfes und dann am Rücken.

Abenteuer im Haus

Nach einem Nickerchen auf dem Lieblingsplatz und einer Katzenwäsche geht es auf Erkundungstour in der Wohnung. Noch sind nicht alle Winkel und Ecken erforscht, und es gibt immer wieder Neues zu entdecken. Katzen werden, vor allem in den ersten Jahren, nicht müde, die Wohnung in einen Abenteuerspielplatz zu verwandeln. Unerfahrene Katzenbesitzer werden auf diese Weise sehr schnell dazu gezwungen, ihre Wohnung »katzensicher« zu machen. Wer auf der Butter keine Leckspuren einer rauen Katzenzunge und keine umgestoßenen Milchkännchen liebt, wird schnell lernen, den Frühstückstisch sofort abzuräumen. Kleine, wertvolle Schmuckstücke sind als Spielzeug besonders beliebt: Sie riechen nach dem Besitzer, glitzern manchmal so aufregend in der Sonne und lassen sich mit einem Pfotenschlag einfach unter den Kühlschrank befördern. Am allerschönsten ist aber immer noch das Spiel mit dem Besitzer oder einem Artgenossen.

Bibi kriecht mit Begeisterung unter jede Decke.

Aber bitte mit Sahne!

Meine Tochter Vanessa und Foxi haben am gleichen Tag Geburtstag. An ihrem sechsten Geburtstag hatte Vanessa sich eine Erdbeer-Sahnetorte für ihre Geburtstagsfeier gewünscht. Auch Foxi sollte etwas Leckeres bekommen. Dazu nahm ich ein hartgekochtes Ei, das ich mit der Gabel zerdrückte, eine kleine Handvoll gekochte und gehackte Shrimps, zwei Teelöffel Hüttenkäse und etwas Fertigfutter aus der Dose und formte alles zu einem kleinen Kuchen. Foxis „Meeresfrüchtetorte" und Vanessas Erdbeer-Sahnetorte standen bereits fix und fertig auf dem Küchentisch, als es an der Wohnungstür klingelte. Aha, das waren bestimmt die ersten Geburtstagsgäste. Ich verließ die Küche, um die Kinderschar zu begrüßen. Vanessa erzählte gerade von der leckeren Torte, die es heute Nachmittag geben würde. Natürlich wollte Vanessa ihren Gästen die Köstlichkeit zeigen. Stolz öffnete sie die Küchentür, und die Kinder fingen augenblicklich zu kichern an. Der Anblick war aber auch zu lustig. Karlchen und Foxi saßen, bis über die Ohren mit Sahne verschmiert, vor der Erdbeertorte und genossen diesen Leckerbissen in vollen Zügen. Die „Meeresfrüchtetorte" dagegen stand unberührt auf ihrem Platz. Schnell lief ich zum Bäcker und besorgte eine Ersatz-Erdbeertorte.

5 Fangen

Wenn Bibi und Foxi am Kratzbaum Fangen spielen, geht´s rauf und runter.

6 Tolle Kugeln

Frohe Ostern! Wenn es keine Ostereier sind, tun es auch die Weihnachtskugeln! Die Auswahl fällt Foxi allerdings immer schwer.

Gefahrenquellen

➜ Medikamente und Putzmittel (Vergiftungsgefahr).

➜ Elektrogeräte / Kabel / Steckdosen (tödlicher Stromschlag).

➜ Offene Waschmaschinen und Trockner (Verletzungsgefahr).

➜ Auf Tischkanten liegende Gegenstände (Verletzungsgefahr).

➜ Geöffnete Fenster, auch Kippfenster (Gefahr des Einklemmens).

➜ Offen herumliegende Nadel und Faden (Verletzungsgefahr).

➜ Kochendes Wasser oder heißes Öl (Verbrennungsgefahr).

➜ Hochgelegene Balkone (Absturzgefahr).

➜ Offen herumliegende Plastiktüten (Erstickungsgefahr).

1 Leckerbissen

Füttern aus der Hand – da schmeckt es Bibi und Foxi gleich doppelt so gut! Aber immer der Reihe nach!

2 Die Dose

Ein Deckel auf einer Dose ist für Bibi ein Kinderspiel. Als Lohn winken leckere Katzenhäppchen!

3 Der Übertopf

Alles wird untersucht. Auch ein alter Übertopf ist Foxi einen tiefen Blick wert. Sind da vielleicht Goldfische drin?

4 Die Fellmaus

Fellmäuse lieben Bibi und Foxi über alles! Im Zoofachhandel gibt es Mäuse in verschiedenen Größen und Farben – ganz nach Geschmack.

Spiel und Spaß mit der Katze

Spielen ist das Schönste für Katzen jeden Alters. Der Federpuschel ist Karlchens Lieblingsspielzeug. Wenn Elisabeth damit vor seinem Gesicht hin und her wedelt, hat er das Gefühl, ein Vögelchen zu jagen. Mit dem typischen Tatzeln nach der Beute erwischt er immerhin ab und zu eine Feder.

Abenteuerspielplatz für Katzen

Besonders Katzen, die vorwiegend oder ausschließlich in der Wohnung gehalten werden, brauchen abwechslungsreiche Beschäftigung, damit Körper und Geist fit bleiben. Viele Katzen haben sogar Spaß daran, kleine Kunststückchen zu erlernen wie beispielsweise Sternchen, die auf Kommando von einem Stuhl zum anderen springt. Wichtig ist dabei natürlich, dass die Katze mit Begeisterung dabei ist. Verliert sie die Lust am Training, sollte man das Tier keinesfalls zwingen, weiterzumachen. Sternchen hat den Sprung folgendermaßen gelernt: Zunächst zwei Stühle in nicht zu großem Abstand mit den Sitzflächen zueinander stellen. Dann die Katze auf eine Stuhlfläche setzen und sie mit einem Leckerli auf den anderen Stuhl locken. Dabei das Kommando »Hopp« geben. Klappt die Übung, den Abstand der Stühle vergrößeren.

Sternchen im Anflug! Das Sprungvermögen der geschmeidigen Katzen ist erstaunlich.

Spiellandschaft gestalten

Auch in der Wohnung lassen sich spannende Abenteuerspielplätze gestalten.

1 Kratzbaum

Ideal zum Klettern, Krallenschärfen und Ausruhen sind diese standfesten Kratzbäume.

2 Rolle

Diese Sisalrolle mit Glöckchen gibt es im Zoofachhandel oder in Katzenboutiquen zu kaufen. Katzen lieben dieses Spielzeug.

3 Fellmäuse und Federbüschel

Der Fachhandel bietet allerlei Spielzeug für Katzen an. Besonders beliebt sind Fellmäuschen und Federbüschel, die an einem Stöckchen befestigt sind.

4 Seil

Ein dickes geflochtenes Seil verbindet die beiden Kratzbäume und lädt so zum Balancieren ein. Wichtig ist, dass das Seil nicht zu sehr schwingt.

have fun

Welcher Spieltyp ist meine Katze?

Katzen spielen auf unterschiedliche Weise. Man spricht daher von: Objekt-, Bewegungs-, Partner- und Kampfspielen. Beobachten Sie Ihre Katze und kreuzen Sie an, welche Spiele Ihre Katze liebt. So erfahren Sie, zu welchem Spieltyp Ihre Katze gehört.

		JA	NEIN
1	Macht Ihre junge Katze häufig Luftsprünge?	○	○
2	Jagt sie oft stürmisch quer durch die Wohnung?	○	○
3	Kämpfen Ihre Katzen spielerisch miteinander?	○	○
4	Liegt Ihre Katze gerne bei einer anderen Katze oder bei Ihnen ?	○	○
5	Klettert Ihre Katze gerne irgendwo hinauf?	○	○
6	Pirscht sich Ihre Katze gerne an einen Artgenossen heran?	○	○
7	Schiebt Ihre Katze gerne ihre Fellmaus oder eine Papierkugel vor sich her?	○	○
8	Versteckt sich Ihre Katze gerne?	○	○
9	Springt Ihre Katze gerne mit dem »Mäusesprung« auf bewegliche Objekte?	○	○
10	Verfolgt Ihre Katze alles, was raschelt?	○	○

Auflösung: Ihre Katze gehört zu folgendem Spieltyp, wenn sie die einzelnen Spiele mit Ja angekreuzt haben: Spielt gerne mit Objekten: 7, 9 und 10. Liebt Bewegungsspiele: 1, 2 und 5. Mag Kampfspiele: 3 und 6. Bevorzugt Spiele mit dem Partner: 4 und 8.

7 Karton und Snackball

Im Karton warten Leckerlis oder die begehrte Fellmaus, um herausgetatzelt zu werden. Auch der Snackball, unten im Bild, enthält Leckereien.

8 Plüschrolle und Play-n-Scratch

In der Plüschrolle läßt sich's prima herumrollen. Unter dem Begriff »Play-n-Scratch«, was so viel heißt wie Spielen und Kratzen, ist ein bei Katzen beliebtes Spielzeug im Handel.

5 Küchenrolle

Schnell gebastelt: In eine leere Küchenrolle Leckerlis hineinlegen und die Seiten locker mit raschelndem Papier zustopfen. Mieze muss nun ein wenig arbeiten, um an die Leckereien heranzukommen.

6 Fellmausspiel

Besonders junge Kätzchen mögen das Spiel mit den Fellmäusen, die auf Spiralfedern sitzen.

Katzen müssen spielen

Zunächst scheint das Spielen ein Luxus der Natur zu sein. Im Spiel vergeht die Zeit und die Tiere verbrauchen Energie. Doch die Natur ist nicht umsonst so großzügig. Spielen ist ein gutes Training für das spätere Leben. Das Tier trainiert seine Geschicklichkeit und Kraft, lernt Bewegungsabläufe und Kommunikationssignale der Artgenossen, aber auch anderen Tierarten zu verstehen.

Drei Wochen alte Kätzchen haben anfangs viele Kampfspiele mit ihren Geschwistern. Sie balgen sich herum, wälzen sich auf dem Rücken und raufen miteinander. Mit vier Wochen werden diese Spiele komplizierter und es kommen Spielthemen aus einem anderen Verhaltenskreis hinzu: der Jagd. Dazu gehören verschiedene Techniken, die geübt werden wollen: Das Maus-Anschleichen, das Vogel-Abschlagen oder das Fischen gehören zu den wichtigsten Fertigkeiten, die beim Beutefang in der freien Natur beherrscht werden müssen.

Diese Jagdtechniken bestehen aus einzelnen Sequenzen. Zum Anschleichen auf kleine Beutetiere wie der Maus gehört z. B. das Verstecken und Beobachten, die Lauerstellung, dann folgen das Anschleichen und Anspringen der Beute, die schließlich festgehalten und später getötet wird. Das »Vogel-Abschlagen« endet mit einem oft olympiareifen Hochsprung und einem Pfotenschlag, um die Beute auf den Boden zu holen. Das »Fischen« wird mit einem am Boden liegenden Gegenstand geübt, der plötzlich nach hinten »über die Schulter« geworfen und dann blitz-

Foxi hat wohl die Futterschüssel klappern gehört. Die Gelenkigkeit von Katzen lässt sogar Spitzensportler erblassen.

Der Wohlfühl-Test für Ihren Liebling

Wie viele Minuten schnurrt Ihre Katze am Tag?	Keine *0 Punkte*	20 Minuten *1 Punkt*	Mehr *2 Punkte*
Wie viele Stunden pro Tag läuft Ihre Katze in der Wohnung oder draußen herum?	Keine *0 Punkte*	1 Stunde *1 Punkt*	Mehr *3 Punkte*
Nutzt Ihre Katze die Bewegungsmöglichkeit?	Ja *2 Punkte*	Nein *0 Punkte*	
Wie sieht ihr Fell aus?	Glänzt *2 Punkte*	Matt *0 Punkte*	
Kämpfen Ihre Katzen täglich miteinander?	Nein *3 Punkte*	Ja *0 Punkte*	
Wie reagiert Ihre Katze auf Ihre Annäherung?	Rennt weg *0 Punkte*	Weicht zurück *1 Punkt*	Bleibt da *3 Punkte*
Wie oft putzt sich Ihre Katze am Tag?	Häufig *3 Punkte*	Gelegentlich *1 Punkt*	Nie *0 Punkte*
Sucht die Katze Kontakt zu Ihnen?	Nie *0 Punkte*	Selten *1 Punkt*	Häufig *3 Punkte*
Lässt sich die Katze zum Spielen auffordern?	Leicht *3 Punkte*	Gelegentlich *1 Punkt*	Nie *0 Punkte*
Legt sich die Katze zum Schlafen entspannt auf die Seite?	Nie *0 Punkte*	Selten *1 Punkt*	Häufig *3 Punkte*
Lässt sich die Katze gerne von Ihnen streicheln und schnurrt dabei?	Nie *0 Punkte*	Selten *1 Punkt*	Häufig *3 Punkte*

0–10 Punkte: Die Katze fühlt sich nicht sehr wohl; **10–18 Punkte:** Dem Tier geht es einigermaßen gut; **18–25 Punkte:** Die Katze fühlt sich wohl; **25–30 Punkte:** Dem Tier geht es sehr gut.

Das Geschenk

Foxi und Karlchen dürfen sich auch draußen in unserem großen Garten vergnügen. Schließlich wohnen wir in einer ruhigen Wohngegend. Da bleibt es natürlich nicht aus, dass sie uns ab und zu ein „Geschenk“ mitbringen – wie an jenem Morgen. Mein Mann und ich lagen noch im Bett und schliefen fest. Da spürte ich plötzlich das Gewicht von Karlchen und Foxi auf meiner Bettdecke. Meine Katzen lieben es, in meinem Bett zu kuscheln. Langsam öffnete ich die Augen, um sie dann vor Schreck weit aufzureißen. Karlchen hatte eine Maus im Mäulchen, die direkt vor meinem Gesicht verzweifelt um ihr Leben zappelte. Mein Schrei ließ meinen Mann hochfahren, und Karlchen ließ die Maus fallen. Eiligst rannte das Mäuschen quer über unsere Bettdecke, die Gardinen hinauf und verschanzte sich hinter der Gardinenstange. Augenblicklich packte Karlchen und Foxi wieder das Jagdfieber. Mit einem kühnen Sprung landeten sie in der Gardine und arbeiteten sich zur Vorhangstange empor. Doch die kleine Maus war schlau. Sie balancierte ein Stück über die Stange, kletterte dann auf den gekippten Fensterrand und stürzte sich mutig in die Freiheit. So wurden Foxi und Karlchen von dem Mäuschen um ihren Jagderfolg gebracht. Doch Karlchen und Foxi trösteten sich rasch. Husch, hüpften sie wieder zu mir ins warme Bett.

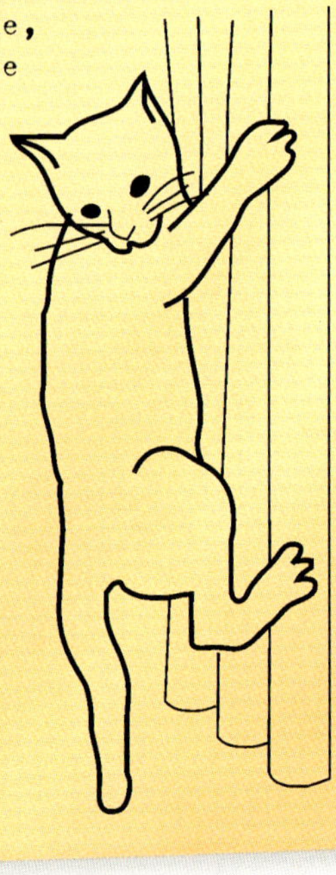

schnell gepackt wird, um ihn in sichere Entfernung zum fiktiven Wasser zu bringen. Das Training wird auch im Erwachsenenalter fortgesetzt, ob sich die Katze nun selbst ernährt oder gefüttert wird. Während ihrer Spiele nimmt die Katze gern jedes kleine bewegliche Ding als »Opfer«. Für die Katze macht es dabei keinen Unterschied, ob es sich um ein kleines Wollknäuel, Omas wertvolle Rubinohrringe oder eine gesundheitsgefährdende Nadel mit Faden handelt. Einige Katzen entwickeln ganz eigene Spiele wie z. B. das Herunterrutschen am Sofarücken oder das offensichtlich Spaß machende Zerstören von mühsam sortierten Zeitungsstapeln, die mit einem gut gezielten Sprung in der ganzen Wohnung verteilt werden.

Im Alter reduzieren sich die Spielstunden. Doch auch eine ältere Katze lässt sich immer wieder gerne zu ihren Lieblingsspielen auffordern. Eine Katze, die sich nicht mehr zum Spielen bewegen lässt, ist entweder müde, krank oder schon sehr alt. Katzen spielen sonst für ihr Leben gern.

TIPP vom ZOOHÄNDLER

Das ideale Katzenspielzeug ist leicht, kann mit einem Pfotenschlag weit befördert werden und macht bei der Bewegung vielleicht noch ein Geräusch. Sehr beliebt sind bei Katzen alle Arten von Bällchen, Spielzeuge mit Glöckchen oder Fellmäuse und Federbüschel.

Katzen lieben alles, was raschelt. Im Laub- und Grashaufen könnte außerdem noch etwas Interessantes zu entdecken sein.

Glücklich und aktiv im Alter

Schnurri ist schon einige Jahre alt. Doch Spielen gehört immer noch zu ihren Lieblingsbeschäftigungen. Zwar ist der Sprung nach dem Bällchen oder der Fellmaus nicht mehr ganz so zielsicher und hoch wie früher, doch im zweiten Anlauf »fängt« Schnurri beides sicher. Am allerliebsten liegt sie jetzt jedoch auf dem weichen warmen Sofakissen und genießt die ausgiebigen Streicheleinheiten.

old&happy

Wie alt werden Katzen?

Die durchschnittliche Lebenserwartung der Katzen liegt bei etwa zwölf Jahren, doch sie variiert in Abhängigkeit von den Haltungsbedingungen. Ein normales Katzenleben dauert neun bis fünfzehn Jahre, und dabei kommt es erst im letzten Jahr zu altersbedingtem Abbau. Bei richtiger Haltung und guter Pflege kann eine Katze wesentlich älter werden als ihre Artgenossen in freier Wildbahn. Wenn Sie Ihre Katze über die Jahre beobachten, finden Sie sicher auch bei Ihrem samtpfotigen Hausgenossen die eine oder andere Veränderung im Wesen und Aussehen, die Hinweise auf das Älterwerden gibt.

Die alte Katze

Das Alter der Katze fällt auf, wenn ihre Gelenke steifer werden und sie sich daher sich nicht mehr so viel und gerne bewegt. Die Sprungweite und -höhe nehmen ab. Es kann sogar vorkommen, dass die Treffsicherheit eines Zieles beim Sprung nicht mehr so groß ist und die Katze hin und wieder zu Boden stürzt. Da sie nach

Was sich im Alter ändert

→ Verhalten:
Die Tiere werden ruhiger. Ihr Interesse an allem Neuen nimmt ab oder Neues stört sogar im gewohnten Tagesablauf.

→ Fell:
Das Fell wird etwas stumpfer.

→ Beweglichkeit:
Die Gelenke der Katze werden steifer und daher auch ihre Bewegungen langsamer. Sie ruht gerne an sonnigen Plätzen und schläft insgesamt mehr als früher.

→ Sehen und Hören:
Katzen sehen und hören im Alter meist schlechter.

→ Ernährung:
Das Alter hat wenig Einfluss auf den Appetit der Katze. Es kommt jedoch vor, dass sie beim Futter, das sie frisst, auch wählerischer wird.

→ Körperhygiene:
Katzen putzen sich auch im Alter intensiv. Sollte es Stellen geben, die das Tier durch zunehmende Steifheit nicht mehr mit der Zunge erreicht (z.B. hinterer Rückenbereich), kann der Mensch ihr helfen.

→ Krankheiten:
Die Katzen werden häufiger krank, denn ihre körperliche Abwehr ist nicht mehr optimal.

Katzenmanier jedoch meist auf den vier Füßen landet, verletzt sie sich bei diesen Fehlsprüngen nur höchst selten.

Die zunehmende Steifheit in der Halswirbelsäule alter Katzen kann dazu führen, dass sie bestimmte Stellen, z. B. den hinteren Rücken oder den Bereich der Schwanzwurzel, zur Fellpflege nicht mehr erreichen. Wenn das Fell des sonst so reinlichen Tieres struppig und ungepflegt wird, ist es sinnvoll, vorsichtig mit Kamm und Bürste nachzuhelfen.

Insgesamt wird die Katze ruhiger, sitzt zunehmend beobachtend oder dösend da. Ihr Lieblingsplatz ist sicherlich erhöht, gepolstert, warm, sonnig und mit einem Blick in eine belebte Umgebung. Sie schläft auch mehr. Außerhalb des Hauses wird es zunehmend gefährlicher für sie. Bei Auseinandersetzungen mit jüngeren Rivalen kann sie jetzt die Unterlegene sein. Autos und ähnliche Gefahren werden durch das abnehmende Seh- und Hörvermögen nicht mehr so gut wahrgenommen. Ältere Katzen spüren die eigenen Defizite sehr genau und ziehen deshalb ihre Kreise meist immer enger ums Haus. Nicht selten wird ein alter Haudegen schließlich freiwillig zum Stubenkater und bleibt ganz im Haus, wo er sich sicher fühlt und ein bequemes Seniorenleben genießt.

Krankheiten häufen sich im Alter, weil das Immunsystem nicht mehr so stark ist. Zahnwurzel- und Zahnfleischentzündungen kommen sehr oft vor. Schmerzen beim Kauen von hartem Futter führen nicht selten zur Verweigerung von Trockenfutter und sind ein erster Hinweis auf Entzündungen im Maul. Eine weitere, häufige

»Ach, tut das Streicheln gut«. Dabei kann man sich so richtig entspannen.

TIPP vom TIERARZT

Katzen haben ein drittes Augenlid, die Nickhaut, die sich bei Müdigkeit vorschiebt. Wenn die Nickhaut dauerhaft vorfällt, deutet dies auf eine Schwäche oder sogar ernsthafte Krankheit hin. Diese Katze sollte sobald wie möglich von einem Tierarzt untersucht werden.

Krankheit des Alters ist die Blasenentzündung. Der schmerzhafte Absatz des Urins kann dann auch zu einem plötzlichen Verlust der Stubenreinheit führen. Dies sind nur einige Beispiele altersbedingter Wehwehchen. Ein regelmäßiger Gang zum Tierarzt in kürzeren Intervallen ist sehr empfehlenswert, um rechtzeitig Erkrankungen zu behandeln und dem Tier damit Schmerzen zu ersparen. Wie bei älteren Menschen ist es sinnvoll, die Ernährung an die Veränderungen im Alter anzupassen. Spezielle Futtersorten für ältere Katzen gibt es im Zoofachhandel. Zusätzliche Fütterung von Vitamin-/Mineralstoff- oder Malzpasten sind außerdem hilfreich, um Mangelerscheinungen oder Verstopfung vorzubeugen.

Obwohl die Sinne der Katze im Alter deutlich nachlassen, schaffen es die Tiere, diese Schwächen sehr viel länger auszugleichen als wir Menschen.

Ältere Tiere sind häufig weniger an Neuem interessiert als junge. Im Gegenteil: Sie empfinden es als störend, wenn ihr Tagesablauf durch einen Besuch oder die Ankunft eines Babys durcheinander gebracht wird.

Ein Umzug kann für eine alte Katze sehr belastend sein. Auch die gut gemeinte Anschaffung einer jungen Katze, die dem alten Tier Abwechslung bieten soll, kann von dem ruhebedürftigen Senioren als schwere Störung empfunden werden.

Wie Katzen sterben

Katzen ziehen sich zum Sterben oft zurück. Frei laufende Katzen kommen manchmal nicht mehr nach Hause. Dieses Verhalten findet sich vor allem bei schmerzhaften Vorgängen. Die Katze weiß schließlich nicht um die Ursache ihrer Schmerzen und versucht diesen durch das Verkriechen in einen Schlupfwinkel zu entfliehen. Leider nimmt sie Krankheit und Schmerz dorthin mit und gibt dem Besitzer keine Möglichkeit, helfend einzugreifen.

Zu Hause ist das Sterbeverhalten von Katzen ähnlich dem anderer Tierarten. Sie fressen kaum oder nichts mehr, bewegen sich immer weniger und verlassen ihren Schlafplatz schließlich nicht mehr. Manche Tiere spüren wohl das nahende Ende und legen sich in den letzten Stunden zu ihrem Besitzer. Sie liegen ruhig da und machen ihre letzten Atemzüge. An Altersschwäche sterbende Tiere machen meist nicht den Eindruck, als müssten sie beim Sterben leiden.

Anders kann die Situation bei einer unheilbaren und schmerzhaften Krankheit sein. Hier liegt es in der Verantwortung der Besitzer, der Katze mit Hilfe des Tierarztes ein langes Leiden oder große Schmerzen zu ersparen.

Abschied vom Tier

Die meisten Menschen haben eine enge Verbindung zu ihrer Katze und empfinden Trauer beim Tod des Tieres. Es ist ein schmerzhafter Verlust, der Tagesablauf ist ohne die Katze nicht mehr derselbe. Alles ist schlagartig anders. Es fehlt die morgendliche Begrüßung, es gibt kein forderndes Miauen nach Futter, kein Zwiegespräch mit dem aufmerksamen Zuhörer und auch kein Spiel, kein Schnurren mehr. Diese Verlustgefühle und den Schmerz muss man ernst nehmen, und als Außenstehender sollte man versuchen zu helfen.

Und wie empfindet ein Kind oder Jugendlicher den Tod seines Tierfreundes? Meist ist es ein Schock, denn es ist die erste Konfrontation mit der Endgültigkeit des Todes und das Bewusstwerden, dass der Tod zum Leben gehört wie die Geburt. Der Abschied kann dem Kind erleichtert werden, wenn man ihm erklärt, dass Tiere keine Vorstellung vom Tod und daher auch keine Angst davor haben.

Für einen kurzen oder langen Katzenplausch ist man nie zu alt! Katzen entwickeln mit den Jahren eine sehr enge Bindung zu ihren Besitzern.

Für Tiere bedeutet Sterben vermutlich nicht mehr als Einschlafen. Kinder verarbeiten den Verlust oft besser als ältere Menschen. Doch sie machen sich auch Gedanken über einen »würdevollen« letzten Weg ihres Lieblings. Die meisten wünschen sich, ihr Tier begraben zu können, und im eigenen Garten ist dies auch möglich.

Wenn der Partner stirbt

Meist lässt der Tod des Artgenossen die anderen Katzen unberührt, wenn sie in einer Gruppe gehalten werden. Dies ist in der Regel auch bei Katzen so, die als Paar gehalten wurden, auch wenn sie ein Leben lang miteinander geschmust haben. Manchmal kommt es jedoch vor, dass die eine Katze stark um ihren Artgenossen trauert oder sich plötzlich einsam fühlt. In diesem Fall kann der Einsatz von Bachblüten hilfreich sein. Bachblüten helfen auch dem Menschen, seine Trauer um das Tier besser zu bewältigen. Eventuell kann ein neue zweite Katze eine gute Idee sein, vorausgesetzt die Hinterbliebene ist nicht schon zu alt, um sich an einen völlig neuen Partner zu gewöhnen.

Die Eingewöhnung einer neuen Katze sollte man behutsam durchführen. Es ist sinnvoll den Familienzuwachs in einem Käfig mit Sichtkontakt in die Umgebung der älteren Tiere mit Heimrecht zu bringen. So werden Geruchs- und Sichtkontakt gefahrlos ermöglicht und traumatische Erstbegegnungen zwischen den Tieren verhindert. Später öffnet man die Tür des Käfigs und lässt den Neuzugang das Heim wie seine Bewohner schrittweise erforschen.

Sanfte Streichelmassage der Knochen und Gelenke genießt fast jede ältere Katze.

Spagettiiiii!

Eigentlich wissen Karlchen und Foxi, dass sie auf dem Esstisch nichts zu suchen haben. Doch dann und wann, wenn es etwas besonders Leckeres zu essen gibt, handeln sie offenbar nach dem Motto: Wer wagt, gewinnt! Heute gab es Spagetti mit einer herrlichen Sahnesoße. Genau das Richtige für Karlchen und Foxi. Hopp, waren sie auf dem Tisch. Karlchen verspeiste die lange Spagetti, die ich ihm hinhielt, so geübt, als hätte er schon immer nur Spagetti gegessen. Doch Foxi tatzelte erst einmal vorsichtig nach dem komischen Ding. Beim „Angeln" passierte es dann: Die Spagetti blieb mit einem Ende an seiner Schulter kleben. Igitt, was war denn das? Sichtlich angeekelt sprang Foxi vom Tisch, aber die Spagetti haftete weiter fest an seinem Fell. Jetzt führte Foxi einen regelrechten Veitstanz durch die Küche auf. Er wollte das eklige klebrige Ding irgendwie loswerden. Doch die Spagetti war stärker! Karlchen eilte zu Hilfe. Während Foxi jetzt regelrechte Bocksprünge machte, umpeitschte die Spagetti seinen Körper. Das war auch Karlchen unheimlich. Sicherheitshalber bezog er Platz auf dem Küchenschrank. Von hier aus konnte er die Sache mit gebührendem Abstand beobachten. Foxi „kämpfte" unermüdlich weiter mit der Spagetti. Endlich, endlich fiel sie zu Boden. Augenblicklich stoppte Foxi seine wilden Sprünge. Völlig erschöpft ließ er sich in sein Körbchen sinken. Von Spagetti hatte er jedenfalls für die nächste Zeit die Nase voll.

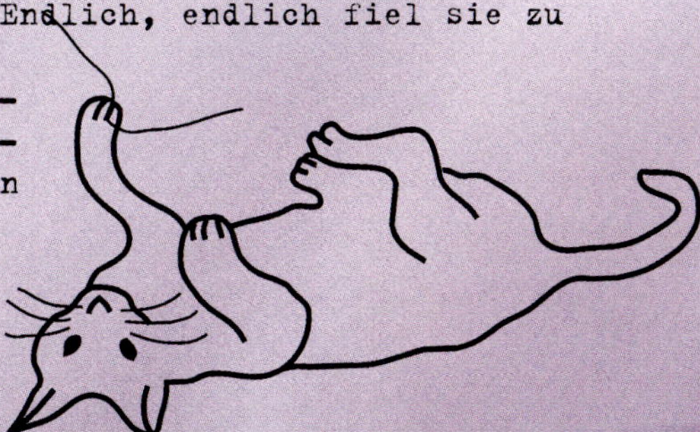

Register

Die **halbfett** gesetzten Seitenzahlen verweisen auf Farbfotos

Dr. Astrid Schubert
ist Tierärztin für Verhaltenstherapie von Hunden, Katzen und Pferden. Die Weiterbildung über aktuelle Methoden der Verhaltenstherapie führte sie nach England und in die USA. Sie veranstaltet Seminare über Verhalten und Erziehung von Haustieren und veröffentlicht regelmäßig Artikel in der Fachpresse.

Monika Wegler
gehört zu den führenden Heimtierfotografen Europas. Sie arbeitet außerdem als Tierbuch-Autorin, züchtet Abessinierkatzen und lebt mit sieben Samtpfoten zusammen, die alle als Fotomodelle in diesem Ratgeber mitgewirkt haben.

Gabriele Linke-Grün
arbeitet als freie Jounalistin für die GU-Naturbuchredaktion, verschiedene Tierzeitschriften und Schulbuchverlage. Sie schrieb die Katzen-Erlebnisse.

Mit großen neugierigen Augen betrachten junge Katzen die weite Welt.

Adressen

- Fédération Internationale Féline (FIFé), Little Dene Lenham Heath Maidstone, Kent ME 17 2 BS, Großbritannien
- Deutscher Edelkatzenzüchterverband (1. DEKZV), Berliner Str. 13, 35614 Aßlar
- Deutsche Rassekatzen Union e.V. (DRU), Hauptstr. 56, 56814 Landkern
- Österreichischer Verband für die Zucht und Haltung von Edelkatzen (ÖVEK), Liechtensteinstr. 126, A-1090 Wien
- Fédération Féline Helvetique (FFH), Denise Kölz, Solothurnerstr. 83, CH-4053 Basel
- Fragen zur Katzenhaltung beantworten Ihr Zoofachhändler und der Zentralverband Zoologischer Fachbetriebe Deutschlands e.V., 63225 Langen, Tel. 06103/910732 (nur telefonische Auskunft möglich)

Zeitschriften und Broschüren

- Katzen extra, Sieglers Symposion Tierzeitschriften-Verlag, 70309 Stuttgart,
- Geliebte Katze, Gong Verlag, 80801 München

Dank
Fotografin und Verlag danken Bärbel und Max Ehrl, die Kratzbäume, -bretter und Kletterseile für Seite 6/7 und 43/44 angefertigt haben. Ihre »Katzenoase« ist ein Katzenfachgeschäft in München, wo man sich auch jederzeit beraten und Gärten sowie Balkons katzensicher vernetzen lassen kann.

Impressum

Redaktion: Anita Zellner, Gabriele Linke-Grün
Umschlaggestaltung und Layout: Heinz Kraxenberger
Satz/Herstellung: Heide Blut
Produktion: Susanne Mühldorfer
Reproduktion: w&co
Druck und Bindung: Stürtz

Printed in Germany

ISBN: 3-7742-1266-X
Auflage: 4. 3. 2. 1.
Jahr: 03 02 01 2000

DAS ORIGINAL · MIT GARANTIE · GU

Das Original mit Garantie

Ihre Meinung ist uns wichtig. Deshalb möchten wir Ihre Kritik, gerne aber auch Ihr Lob erfahren. Um als führender Ratgeberverlag für Sie noch besser zu werden. Darum: Schreiben Sie uns! Wir freuen uns auf Ihre Post und wünschen Ihnen viel Spaß mit Ihrem GU-Ratgeber.

Unsere Garantie: Sollte ein GU-Ratgeber einmal einen Fehler enthalten, schicken Sie uns bitte das Buch mit einem kleinen Hinweis und der Quittung innerhalb von sechs Monaten nach dem Kauf zurück. Wir tauschen Ihnen den GU-Ratgeber gegen einen anderen zum gleichen oder ähnlichen Thema um.

Ihr Gräfe und Unzer Verlag
Redaktion Natur
Stichwort: Aus Liebe zum Tier
Postfach 860325
81630 München
Fax: 089/41981-113
e-mail:
leserservice@graefe-und-unzer.de

AUS LIEBE ZUM TIER

damit Ihr Heimtier sich wohl fühlt

Besuchen Sie uns im Internet:

GU TIER CLUB

www.gu-tierclub.de

ISBN 3-7742-5095-2
128 Seiten

ISBN 3-7742-2059-X
64 Seiten

ISBN 3-7742-3701-8
64 Seiten

WEITERE LIEFERBARE TITEL:

- In der Reihe TIERRATGEBER: Katzen, Unser Kätzchen, Wenn meine Katze älter wird, Meine Katze macht was sie will, Spielen mit Katzen, u.a.

GU

Gutgemacht. Gutgelaunt.

So ist meine Katze

Es kann vorkommen, dass Sie plötzlich verreisen müssen oder krank werden. Dann muss ein anderes Familienmitglied oder ein Nachbar kurzfristig die Pflege Ihrer Katze übernehmen. Hier haben Sie die Möglichkeit, die Besonderheiten Ihres Lieblings einzutragen.

So heißt meine Katze:

....

Das ist ihre Fellfarbe:

....

Daran erkenne ich sie sofort:

....

So füttere ich sie:

....

Das bekommt sie als Leckerbissen:

....

....

Im Umgang mit ihr ist zu beachten:

....

....

Diese Pflegemaßnahmen ist sie gewöhnt:

....

....

Das sind ihre Marotten:

....

....